QUELQUES SCULPTURES

DE LA COLLECTION

DU

CARDINAL DE RICHELIEU

AUJOURD'HUI AU MUSÉE DU LOUVRE

PAR

LOUIS COURAJOD

Dessins par LUDOVIC LETRÔNE

PARIS

H. CHAMPION, LIBRAIRE

15, QUAI MALAQUAIS

1882

QUELQUES SCULPTURES

DE LA COLLECTION

DU

CARDINAL DE RICHELIEU

QUELQUES SCULPTURES

DE LA COLLECTION

DU

CARDINAL DE RICHELIEU

AUJOURD'HUI AU MUSÉE DU LOUVRE

PAR

LOUIS COURAJOD

Dessins par LUDOVIC LETRÔNE

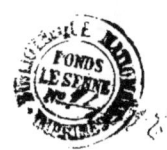

PARIS

H. CHAMPION, LIBRAIRE

15, QUAI MALAQUAIS

1882

QUELQUES SCULPTURES

DE LA COLLECTION

DU

CARDINAL DE RICHELIEU

A l'une des dernières séances de la Société des Antiquaires de France, M. de Boislisle, dans un mémoire sur les collections du cardinal de Richelieu, a fait connaître quelques documents très curieux, et, parmi ceux-ci, un inventaire des objets d'art laissés par le grand ministre. Ces documents exigeraient un fort long commentaire. En attendant, je désire faire immédiatement profiter quelques monuments du Musée du Louvre des renseignements contenus dans les textes qui viennent d'être mis au jour. M. de Boislisle a signalé, au nombre des œuvres d'art possédées par Richelieu, une série de statuettes par Jean de Bologne; un buste représentant Jean de Bologne; des bustes représentant Henri II, Charles IX et Henri III, etc., etc. La note qui suit résume et précise les observations orales présentées par son auteur, à la Société des Antiquaires, le 3 mai 1882.

I

A la fin du xvi⁰ siècle, chez quelques princes ou grands seigneurs, il était déjà d'usage de former des suites de statuettes de Jean de Bologne. Le fait est constaté dans une lettre écrite en 1581 à un duc d'Urbin par Simon Fortuna, agent de ce prince et chargé par lui d'acquérir des objets d'art. Cette lettre a été publiée dans le *Cabinet de l'amateur*, t. IV, p. 521 à 529. Le témoignage de Fortuna est confirmé par Baldinucci dans les biographies de Jean de Bologne, d'Antonio et de Francesco Susini, élèves du maître et vulgarisateurs de ses œuvres. (*Notizie de' professori del disegno*, Milan, 1811, t. VIII, p. 152-153; t. X, p. 463 et 473.) Il résulte du texte communiqué par M. de Boislisle que Richelieu appréciait hautement les charmantes statuettes et réductions de statues du grand artiste et était parvenu à composer une collection très complète de ces petits ouvrages de bronze. Il est curieux de rapprocher la liste des statuettes ayant appartenu à Richelieu de la liste des statuettes signalées et recommandées au duc d'Urbin en 1581, et de la liste donnée par Baldinucci (loc. cit.). Cette comparaison sera utile pour les attributions raisonnées de quelques-unes de ces sculptures. Un grand nombre de statuettes de Jean de Bologne figuraient dans les armoires de l'ancien garde-meuble des rois de France et sont décrites dans les inventaires des bronzes de ce dépôt, de 1684 à 1791. On en retrouve encore quelques-unes au Musée du Louvre. Ces pièces portent toutes des numéros de renvoi au dernier inventaire imprimé de 1791, qui n'était d'ailleurs sur bien des points que la reproduction de l'inventaire manuscrit de 1788. Ces numéros sont profondément gravés au burin dans le bronze. Il y aurait peut-être lieu de penser que certaines statuettes de Jean de Bologne, aujourd'hui au Louvre, proviennent de Richelieu et ont fait antérieurement partie de ses collections. La célèbre garniture d'autel qu'on appelait la *Chapelle de Richelieu*, donnée à Louis XIII par son ministre en 1636, était conservée dans le même dépôt et dans les mêmes armoires. Cependant, comme aucune des figurines du Louvre n'existe à l'état d'épreuve unique, nous nous bornons à signaler la vraisemblance de cette identification sans pouvoir rien affirmer. Toutes les grandes collections de l'Europe, celles surtout dont l'origine remonte au xvi⁰ siècle, exposent de nombreuses statuettes de Jean de Bologne et ont dû en posséder jadis la suite complète. Je citerai avant tout les pièces du Musée national du Bargello, à Florence, et de quelques salles du Musée des Offices et du palais Pitti. Les plus riches des collections publiques en petits ouvrages de Jean de Bologne sont celles de l'*Ambraser Sammlung* et du château impérial de Vienne, aujourd'hui réunies dans le Palais du Belvédère inférieur en attendant la splendide installation du *Ring*.

Voici l'indication de quelques-unes des statuettes de bronze contenues dans un inventaire du garde-meuble des rois de France antérieur à 1684 et qui désignent peut-être des œuvres attribuables à Jean de Bologne et provenant du cardinal de Richelieu. La présence de certains doubles dans cet inventaire s'expliquerait naturellement par la fusion de deux collections.

« ....
5. — Un group de deux figures de bronze représentant Hercules qui enleve Desjanire, hault d'un pied dix pouces.

7. — Un autre group d'un Hercules qui emporte un sanglier sur ses épaules, de quinze pouces de hault.

8. — Une figure de bronze d'une femme nue assise qui tient d'une main une esquierre et un compas et de l'autre une regle, de quinze pouces de hault.

9. — Un Hercules aussy de bronze couvert d'une peau de lion qui porte deux colonnes, hault, avec les colonnes, de seize pouces.

10. — Un group d'un centaure qui enleve une femme, hault de treize pouces...

13. — Un group d'un Hercules qui dompte le Cerbere, hault de treize pouces...

15. — Une figure d'un Attelas qui porte le monde, hault de seize pouces...

16. — Un group d'un Hercules qui arrête un cerf par le bois, hault de quatorze pouces...

18. — Un group d'un Hercules qui tue un lion, hault de treize pouces.

19. — Un group d'un combat d'un taureau avec un lion, hault de huit pouces...

32. — Un group de deux hommes et une femme qui est élevée par un des deux hommes.

33. — Un group de deux figures qui représente un Hercules avec sa massue terrassant un Centaure.

34. — Un autre group de deux figures qui représente un Hercules frapant sur l'hydre qu'il tient par la queue.

35. — Une figure de femme toutte nüe qui sort du bain et qui s'essuie...

37. — Un autre group de deux figures qui représente une femme toutte nüe, couchée sur un drap, regardée par un satyre...

50. — Un autre group d'un Hercules qui assomme un dragon qu'il arreste par le col, de sa main gauche. Hault de quinze à seize pouces environ...

55. — Un combat d'Hercules avec le Centaure, hault avec son pied d'estal de vingt deux pouces.

56. — L'enlevement d'une femme par un Centaure avec son pied d'estal de bois, hault de vingt-deux pouces...

58. — Hercules qui combat un dragon, sans pied d'estal, hault de dix-sept pouces...

65. — Une figure de femme toutte nüe, assize, avec une regle, une esquaire et un compas représentant l'Architecture, haulte de treize pouces.

66. — Une autre figure de femme toutte nüe, debout, appuyée sur une regle et une esquaire, haulte de treize pouces et demi...

82. — Un group d'une figure de femme toutte nüe, couchée, dormant et d'un satyre aussi tout nud qui la regarde, de sept pouces et demy de hault...

149. — Un group d'une figure d'Hercules qui déchire un lyon de neuf pouces de hault.

150. — Un group d'un combat de lyon à cheval, hault de neuf pouces.

151. — Un autre group du combat du taureau et du lyon de huit pouces...

... Fait et arresté le 20ᵉ mars 1684.

Du Metz.

II

Le buste de Jean de Bologne indiqué comme ayant appartenu à Richelieu est aujourd'hui au Musée du Louvre. C'est le n° 68 du catalogue de la sculpture de la Renaissance. Exposé dans la salle des Anguier, attribué à Francheville, il est ainsi décrit, sans autre indication de provenance que celle des Petits-Augustins : « Jean de Bologne : le front est très dégarni de cheveux, la barbe longue retombe sur la poitrine. Buste. Hauteur, 0ᵐ,700. La tête est de bronze, le corps d'albâtre. Le piédouche de marbre porte le nom gravé en creux, J. DE BOVLONGNE. »

Lenoir nous a appris comment cette sculpture était entrée dans le musée des Petits-Augustins. On lit dans le *Musée des Monuments français*, t. VIII, p. 181, et dans le *Journal de Lenoir*, t. I, p. 190 : « N° 363, Jean de Bologne, buste en bronze et marbre, acheté à M. Cailar, marchand de tableaux ». Cailar et Lenoir ignoraient la provenance antérieure d'un monument recueilli par eux au milieu des ruines de la Révolution, ou tous deux, peut-être, s'ils la connaissaient, avaient intérêt à taire une origine qu'ils pouvaient croire compromettante. A qui n'a rien à redouter de la vérité il sera facile de suivre la piste de l'objet sous l'ancien régime. Ce monument, avant la Révolution, était placé au Palais-Royal et a été signalé dans le *Dictionnaire historique de la ville de Paris*, par Heurtaut et Magny, en 1779, t. III, p. 735. Le buste de Jean de Bologne, dans une galerie du palais du duc d'Orléans, faisait pendant à une Muse et se trouvait près du portrait peint de Louis de La Trémouille qui provenait de la fameuse galerie des hommes illustres[1]. Établir que ce monument a été au Palais-Royal pendant le xviiiᵉ siècle, c'est démontrer que c'est bien celui qui provenait de Richelieu. En effet, tout le monde sait que le Palais-Royal, appelé d'abord palais Cardinal, fut donné par Richelieu à Louis XIII, et ensuite par Louis XIV à Philippe d'Orléans, qui le transmit à sa famille.

Ce buste de Jean de Bologne, dont la provenance historique est déjà si honorable, possède au point de vue de l'art une origine plus glorieuse encore. L'œuvre est belle, vivante, magistrale. La physionomie du vieil

---

[1]. Voici, d'après Piganiol, *Description historique de la ville de Paris*, 1765, t. II, p. 320, et d'après le *Dictionnaire historique de la ville de Paris*, t. III, p. 734, ce qu'était cette galerie du Palais-Royal : « La galerie des hommes illustres régnoit le long de l'aile gauche de cette seconde cour. Ce grand et magnifique morceau avoit été décoré avec bien de la dépense et bien du soin ; mais, dans ces derniers temps, il avoit été si négligé qu'en 1727 on fut obligé de le détruire, et on a fait des appartemens en sa place. Cette galerie étant de l'invention du cardinal de Richelieu qui fit lui-même le choix des héros qui y étoient peints, et qui ordonna qu'on les plaçât dans l'ordre où nous les avons vus. Ces portraits des illustres Français, au nombre de vingt-cinq, avoient été peints par Philippe Champagne, Simon Vouet, Juste d'Egmont et Poërson. Chacun était accompagné de deux bustes de marbre blanc, dont la plupart étoient antiques, etc. »

artiste qui, par son influence, a retardé si longtemps la décadence en Italie, est rendue avec une noble simplicité. Cette simplicité n'était guère

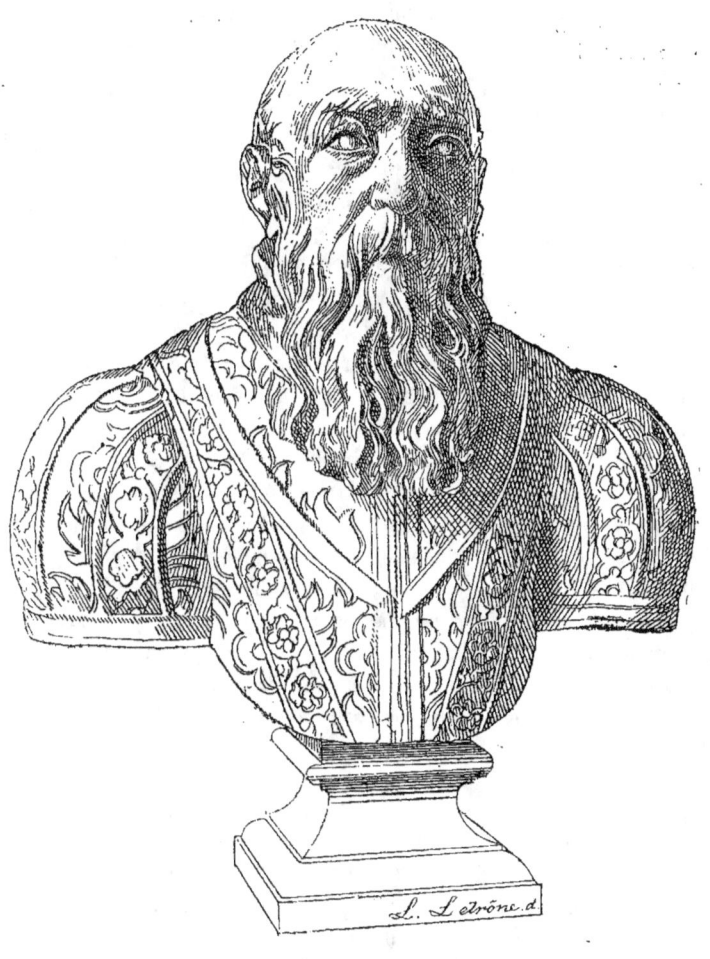

JEAN DE BOLOGNE

Sculpture attribuée pour la tête, qui est de bronze, à Jean de Bologne ou à Pietro Tacca
(Provenant des collections du cardinal de Richelieu. — Musée du Louvre.)

de mode à ce moment dans une école éprise d'un style grandiose au point de devenir brutale ou énervée par les raffinements d'une élégance pleine de prétention. De tous les imitateurs et continuateurs de Michel-Ange, je n'en connais pas beaucoup qui fussent capables à cette heure de modeler avec si peu d'emphase cette douce et large tête. On peut dire sans exagération que ce portrait est un chef-d'œuvre ; et, puisque nous savons, par le personnage qu'il représente, à quelle école et même à quel atelier il appartient, il paraît plus naturel de l'attribuer au maître qu'à un de ses élèves. A la suite de Lenoir[1], on l'a donné jusqu'à présent à Francheville, mais sans aucune espèce de vraisemblance et uniquement parce que Francheville a été en France le continuateur de Jean de Bologne, et qu'il est resté chez nous le plus connu de ses disciples. La manière sèche, étroite et maigre de Francheville, très facile à constater dans les œuvres si nombreuses que renferme le Musée du Louvre, proteste contre cette attribution. Il faudrait une preuve en due forme pour faire honneur de cette souple et libre sculpture à l'auteur du froid et prétentieux *Orphée*, du *David* distrait et pédant, des esclaves maniérés et tortillés du piédestal de la statue d'Henri IV. C'est donc au maître lui-même que tout d'abord nous attribuerions volontiers ce portrait d'une expression si calme et si sereine, d'une exécution si large et si sûre. Cependant, si cette proposition, dépourvue de garantie documentaire, n'était pas acceptée, désirant ne pas nous enfermer dans un cercle trop étroit et pour élargir le terrain sur lequel nous prétendons combattre, nous nommerions immédiatement Pietro Tacca, qui fut certainement le plus éminent des successeurs de l'artiste, celui qui conserva le mieux son noble style sans l'exagérer et qui sut prudemment rester jusqu'au bout en contact avec la nature. Jean de Bologne ou Pietro Tacca, voilà les seuls auteurs vraisemblables de cet ouvrage. Il faut tout au plus laisser à Francheville le mérite d'avoir sculpté le pourpoint de marbre qui soutient la tête de bronze et d'avoir peut-être apporté le bronze en France.

Les portraits de Jean de Bologne sont fort rares. Baldinucci, *Notizie de' professori del disegno*, tome VIII, p. 152, n'en cite que deux. Ce sont deux tableaux dont l'un fait actuellement partie des collections du Musée du Louvre, n° 302 du catalogue de l'École italienne[2]. Les gravures qui découlent de ces peintures ne suffisent pas à nous transmettre une image absolument définitive de Jean de Bologne et ne nous donnent pas sa physionomie dans son extrême vieillesse. Le buste du Musée de la Renais-

---

1. *Musée des Monuments français*, t. IV, p. 145. « Le buste en marbre et en bronze numéroté 563 », dit Lenoir, « représente Jean de Bologne, sculpteur et architecte, né à Douai en 1524. Ce buste, que l'on croit être de Francheville, son élève, dont j'ai parlé plus haut, est fait de main de maître. La tête est noble et porte un grand caractère. »

2. N° 307 du catalogue Villot.

sance au Loûvre est donc d'une grande valeur. Rien de plus facile que d'expliquer pourquoi la France serait seule à posséder le portrait sculpté de cet artiste. On a vu ci-dessus le cas que Richelieu faisait des œuvres de Jean de Bologne et on sait qu'il possédait la série des statuettes dans son cabinet. De plus, l'attention de l'homme d'État avait été fatalement attirée sur le sculpteur par la politique elle-même. Depuis François Iᵉʳ, c'était la noble manie des rois de France de s'adresser aux premiers sculpteurs de l'Italie pour leur demander des statues équestres. François Iᵉʳ, après la mort de Léonard de Vinci, avait fait venir en France le meilleur statuaire de ses élèves, Rustici, qui fondit à Paris le *Cheval de bronze* [1]. Catherine de Médicis, sur le refus de Michel-Ange, avait commandé à Daniel de Voltere la statue de Henri II [2], dont le cheval fut plus tard utilisé dans le monument érigé à Louis XIII sur la place Royale [3]. Jean de Bologne avait été chargé de modeler et de fondre la statue de Henri IV [4], et, longtemps après la mort du modèle et du sculpteur, c'est sous Louis XIII que Richelieu avait vu ériger le monument sur le pont Neuf et avait concouru à sa décoration [5]. Richelieu avait donc toutes sortes de raisons pour apprécier avantageusement le talent de Jean de Bologne et les relations qu'il dut avoir à la cour de France avec les Francheville et les Bordoni, quand ceux-ci achevèrent à Paris l'œuvre commencée à Florence, lui procurèrent facilement les meilleures occasions de satisfaire son goût. Ce portrait de Jean de Bologne, dans les dernières années de sa longue vieillesse, étant vraisemblablement sorti d'Italie avec les élèves du sculpteur qui terminèrent et installèrent en France la statue de Henri IV, il est naturel de le

---

1. Vasari, *Le Vite*, dernière édition, t. VI, p. 619. — Mⁱˢ Léon de Laborde, les *Comptes des Bâtiments du Roi*, t. II, p. 200, 201, 210, etc. — Baldinucci, *Notizie de' professori del disegno*, t. VI, p. 42. — *Revue universelle des arts*, t. III, p. 376.
2. Vasari, *Le Vite*, t. VII, p. 66 et 67.
3. *Notice sur l'ancienne statue équestre ouvrage de Daniello Ricciarelli et de Biard le fils, élevée à Louis XIII en 1639*, par Anatole de Montaiglon. Paris, 1851, in-8°.
4. Baldinucci, *Notizie de' professori del designo*, t. VIII, p. 144. et suiv.
5. On lit dans Sauval, *Histoire et recherches des antiquités de la ville de Paris*, t. I, p. 236, à propos de la statue de Henri IV sur le pont Neuf : « Le cardinal de Richelieu en 1635 fit garnir les faces de ce pied d'estal de cinq bas-reliefs de bronze qui, comme autant de tableaux, nous font voir les cinq principales conquêtes du grand roi, et qu'on regarde bien d'un autre œil que les captifs de Bourdon et de Francaville; ils furent distribués entre Boudin, Bourdon et Tremblay... C'est encore par l'ordre et les soins de ce premier ministre que cette figure équestre fut accompagnée au pourtour d'un quarré et massif de maçonnerie qui avance tout entier dans le canal de la rivière et dont les encoigneures sont faites en bossages rustiques. »

retrouver quelques années plus tard à Paris dans les mains de l'amateur passionné qui eut, comme ministre, à employer précisément les disciples de Jean de Bologne, collaborateurs de ses derniers travaux.

III

Les bustes de Henri II, de Charles IX et de Henri III, mentionnés dans l'inventaire du cardinal de Richelieu, sont aujourd'hui au Louvre, après avoir figuré dans la Galerie d'Angoulême sous les n°s 14, 25 et 26 du catalogue de Clarac ; ils sont ainsi désignés dans la *Description des sculptures de la Renaissance* :

129. — Henri II, roi de France. — Il est couronné de lauriers, revêtu d'une cuirasse que recouvrent quelques plis d'un manteau fleurdelisé et porte sur la poitrine le collier de Saint-Michel. Buste d'albâtre. Hauteur, 0^m,770. On lit sur le piédouche : Henri II. »

130. — Charles IX, roi de France. — Il est représenté à l'âge de dix-huit ans, les cheveux courts, sans barbe. Sa cuirasse est très richement ornée de rinceaux et traversée par le collier de Saint-Michel; le manteau est fleurdelisé. Buste d'albâtre, la tête de marbre. Hauteur, 0^m,770. On lit sur le piédouche : Carolus IX, 1568.

131. — Henri III, roi de France. — La tête est nue, la moustache est fine, la cuirasse est ornée, le manteau fleurdelisé, le collier de Saint-Michel traverse la poitrine. Buste d'albâtre. Hauteur, 0^m,770. On lit sur le piédouche : Henri III[1].

Avant d'entrer au Louvre, ces trois bustes ont passé par le Musée des Petits-Augustins où ils portaient les n°s 547, 548 et 549. Lenoir en parle ainsi dans le tome IV, p. 166, du *Musée des monuments français* : « Nous voyons sous les n°s 547, 548 et 549 les bustes en albâtre, sculptés par Germain Pilon, de Henri II, de Charles IX et de Henri III. J'ai acheté ces bustes précieux pour la vérité des têtes et la recherche dans les draperies à un serrurier du village de Monceaux qui les avait acquis au château de Rincy dont ils ornaient le salon. » Plus tard et postérieurement à l'entrée de ces monuments au Louvre, Lenoir a inséré dans le tome VIII, p. 181, de son ouvrage une note nouvelle sur ces bustes. Il dit, à propos de la répartition des objets qui avaient fait partie du Musée des Petits-Augustins : « N°s 547, 548 et 549, Henri II, Charles IX, Henri III, bustes en albâtre par Germain Pilon, achetés à M. Balleux, marbrier, Montagne Ste-Geneviève.. » Mais il n'y a pas contradiction entre les deux affirmations sucessives de Lenoir. Balleux n'a bien souvent été que l'inter-

---

1. Les trois bustes sont gravés dans le *Musée de sculpture* de Clarac.

médiaire de Lenoir et lui avançait les fonds nécessaires à certaines acquisitions. Par suite de cet expédient, dont il y a de nombreux exemples,

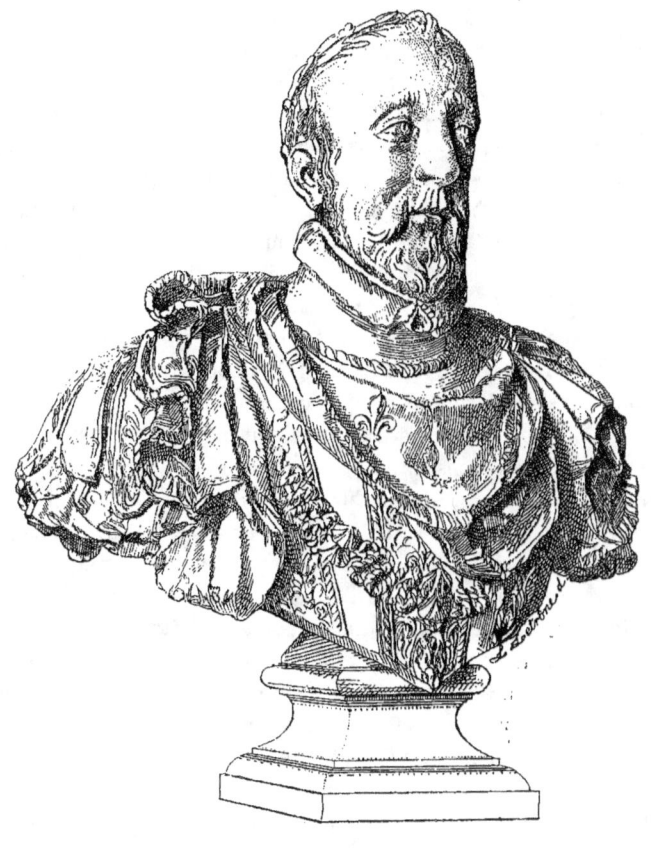

HENRI I
Sculpture attribuée à Germain Pilon
(Provenant des collections du cardinal de Richelieu. — Musée du Louvre.)

Balleux pouvait être considéré, après remboursement et vis-à-vis de la comptabilité, comme le vendeur direct.

L'indication de provenance fournie par Lenoir nous permettra d'établir que les trois bustes du Louvre sont bien ceux qui ont appartenu à Richelieu. Le serrurier de Monceaux, nous dit Lenoir, s'était procuré ces sculptures au château du Raincy. Avant la Révolution, le Raincy appartenait au duc d'Orléans, c'est donc dans les collections des princes de cette maison qu'il faut chercher les traces de nos bustes. La description du Palais-Royal, pendant la seconde moitié du xviii siècle, contenue dans le *Dictionnaire historique de la ville de Paris* (1779), satisfera du premier coup notre curiosité. On lit aux pages 735 et 736 du tome III que le portrait de Duguesclin, provenant de la galerie des hommes illustres, se trouvait placé entre les bustes de Henri II et de Charles IX, et le portrait du duc de Guise, François de Lorraine, de même provenance, entre les bustes de Henri III et de Caligula. Lors du dernier remaniement du Palais-Royal, sous Philippe-Égalité, les vieilles sculptures furent sans doute reléguées au château du Raincy comme trop encombrantes à Paris. C'est vraisemblablement à cette circonstance qu'elles doivent de n'avoir pas été comprises dans la vente des fameuses collections de la famille d'Orléans et de n'avoir pas passé en Angleterre [1].

Les trois bustes conservés aujourd'hui au Louvre étaient certainement au nombre des plus beaux morceaux de sculpture possédés par l'illustre amateur à qui nos collections nationales doivent tant de chefs-d'œuvre. Ces portraits, nous l'avons dit, sont en deux pièces ; les corps sont d'albâtre, les têtes de marbre blanc. Ils sont attribués à Germain Pilon, et cette attribution, pour être vraisemblable, n'en reste pas moins toujours à démontrer matériellement. Nous pouvons seulement constater dans quelles circonstances ces travaux d'art ont eu l'occasion de se produire. Il résulte de la comparaison des dimensions toutes égales entre elles, de l'examen des matières employées et qui sont identiques, du caractère uniforme des costumes d'apparat et de l'attitude officielle des effigies royales que ces bustes ont été exécutés simultanément sur une même commande et qu'ils doivent avoir appartenu à la décoration de quelque palais. Aucun d'entre eux n'a d'existence indépendante et leur rapprochement actuel, dans le musée comme sur les catalogues, n'est pas fortuit. Ces sculptures n'ont jamais cessé de faire partie d'un groupe. Le groupe du Louvre n'est même pas isolé et se rattache à d'autres ouvrages. Une pièce connue partage avec ces monuments une origine commune. C'est le buste de bronze de Henri III, qui faisait autrefois partie de la collection Pourtalès. Il a été gravé dans la *Gazette des Beaux-Arts*, tome XVIII, 1re période, page 382, et il est nécessairement l'œuvre de l'artiste qui a

---

1. Sur la vente des collections du Palais-Royal, voyez le *Cabinet de l'amateur*, t. IV, p. 495 et suiv. — Le *Trésor de la curiosité*, t. II, p. 147 et suiv. et le *Journal de Duvaux*, t. I, p. xx et xxi.

sculpté le Henri II, le Charles IX et le Henri III du Louvre. Le bronze n'est qu'une variante de l'un des marbres. Les quatre pièces doivent leur naissance à une même pensée, à un même ordre, à un même besoin. Rien n'empêche de leur supposer pour auteur commun Germain Pilon, qui aurait exécuté les trois marbres pour l'ornement de quelque salle princière construite dans le dernier quart du xvie siècle.

Nous nous étonnons qu'une particularité bien digne de remarque n'ait pas jusqu'à présent attiré l'attention des connaisseurs. S'il est vraisemblable que les trois bustes, qui offrent tant d'analogie entre eux dans la matière et dans l'exécution, ont été faits simultanément, par le même artiste, et commandés pour composer une série ou une suite, ces bustes doivent, par conséquent, dater de l'époque où Henri III, le dernier couronné des rois représentés dans cette suite, était déjà roi de France, c'est-à-dire qu'ils doivent être postérieurs à l'année 1574. D'un autre côté, ils doivent être antérieurs à l'année 1579, puisque l'ordre du Saint-Esprit, fondé le 31 décembre de l'année 1578, n'apparaît pas sur la poitrine de son fondateur, simple chevalier de Saint-Michel, comme son père et son frère. Il résulte de ces considérations que les portraits de Henri II et de Charles IX, datant, par suite de nos calculs, des années 1574 à 1578, ont dû être exécutés d'après des documents rétrospectifs. La physionomie de Henri II est celle d'un homme d'une quarantaine d'années. Le roi est donc représenté à l'âge qu'il avait au moment de sa mort, en 1559, et son visage est ici conforme à l'image de ses traits que nous rencontrons le plus habituellement et que l'histoire a consacrée. C'est le Henri II du tombeau de Saint-Denis et du buste du Louvre attribué à Jean Goujon. Il n'en est pas de même de Charles IX. Ce prince est représenté jeune, à l'âge de dix-huit ans, tel qu'il était en 1568 — c'est l'inscription du socle qui le dit — et non pas avec la physionomie connue de ses dernières années. On ne retrouve pas là cette tête traditionnelle, aux moustaches naissantes et déjà rudes, qui s'est imposée à l'iconographie historique par l'ensemble des peintures, des dessins et des médailles. Il faut donc admettre qu'on s'est servi, pour exécuter la tête du buste de Charles IX, de quelque document graphique ou plastique antérieur aux dernières années de la vie du prince et qui avait fixé son image à la date constatée de 1568. On pourrait même supposer qu'on a peut-être utilisé directement un monument original, une tête, par exemple, exécutée d'après nature à l'époque indiquée.

Mais une nouvelle complication se présente. Il est impossible de croire que la tête de marbre du buste de Charles IX, qui paraît actuellement sortir de l'atelier de son auteur, tant elle est fraîche, soit contemporaine des deux têtes, également de marbre, de Henri II et de Henri III. Par l'état dans lequel se trouvent les trois bustes d'albâtre, on voit que les trois œuvres ont partagé indissolublement le même sort et subi conjointement les mêmes risques d'une exposition à l'extérieur. Comment admettre alors que la tête de marbre de Charles IX nous soit arrivée intacte et possède encore la fleur de son exécution quand les deux autres sont rongées, gravées par les atteintes de la pluie ou de l'humidité, aussi bien qu'altérées par la décomposition de la surface du marbre? Les conséquences de ce raisonnement ne sauraient être évitées. La tête du buste de Charles IX a dû être nécessairement refaite à une époque qui reste à déterminer. Est-ce au moment où le buste entra chez Richelieu ou bien quand il pénétra aux Petits-Augustins? Pouvait-on, au milieu du XVIIe siècle, exécuter une copie aussi fidèle et aussi trompeuse d'un original du siècle précédent? Je ne le crois pas. Lenoir, qui n'en a rien dit dans ses catalogues ni dans ses papiers, fit-il refaire en secret une copie très exacte d'un original altéré? Je suis porté à le penser. Mais avant de l'accuser formellement, j'attends la production d'un document. Ce que je puis affirmer, c'est que la tête du buste de Charles IX n'est pas une œuvre originale, et que la copie qui nous la conserve est moderne.

Je ne suis pas le premier à protester contre les égards immérités dont cette pièce est depuis longtemps l'objet. Dès 1864, Albert Jacquemart, qui n'était pas un critique bien féroce, avait cru devoir pousser un cri d'alarme. Il a écrit dans le tome XVII de la *Gazette des Beaux-Arts*, 1re période, page 382, en parlant incidemment du buste de Charles IX : « Ce marbre mutilé a reçu une tête moderne copiée sur les portraits du prince lorsqu'il avait dix-huit ans. » Cette judicieuse observation n'a nui en rien à la réputation de l'œuvre. Des trois bustes du Louvre, c'est celui de Charles IX qui est préféré par le public. C'est celui qui compte le plus d'admirateurs convaincus et dont le moulage a le plus de débit. C'est l'élu de la foule et le candidat des hommes de goût. Place au glorieux triomphateur! Je n'espère donc pas réformer à son sujet l'opinion qui ne fait aucun cas des lumières qu'on lui apporte. Heureux si, comme Jacquemart, après avoir dégagé ma responsabilité personnelle, j'ai la bonne fortune d'être pardonné parce que je n'aurai pas été lu.

Paris. — Imp. A. QUANTIN, 7, rue Saint-Benoît. — [1450]

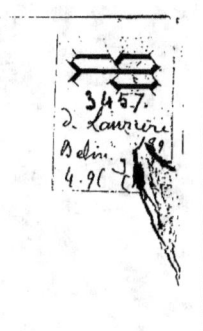

www.ingramcontent.com/pod-product-compliance
Lightning Source LLC
Chambersburg PA
CBHW050040230526
45470CB00003B/1377